FABRIQUE
SPÉCIALE DE BIJOUTERIE
Doublé Or
de DOBBÉ FRÈRES
56, Rue du Temple.
à Paris.

1850

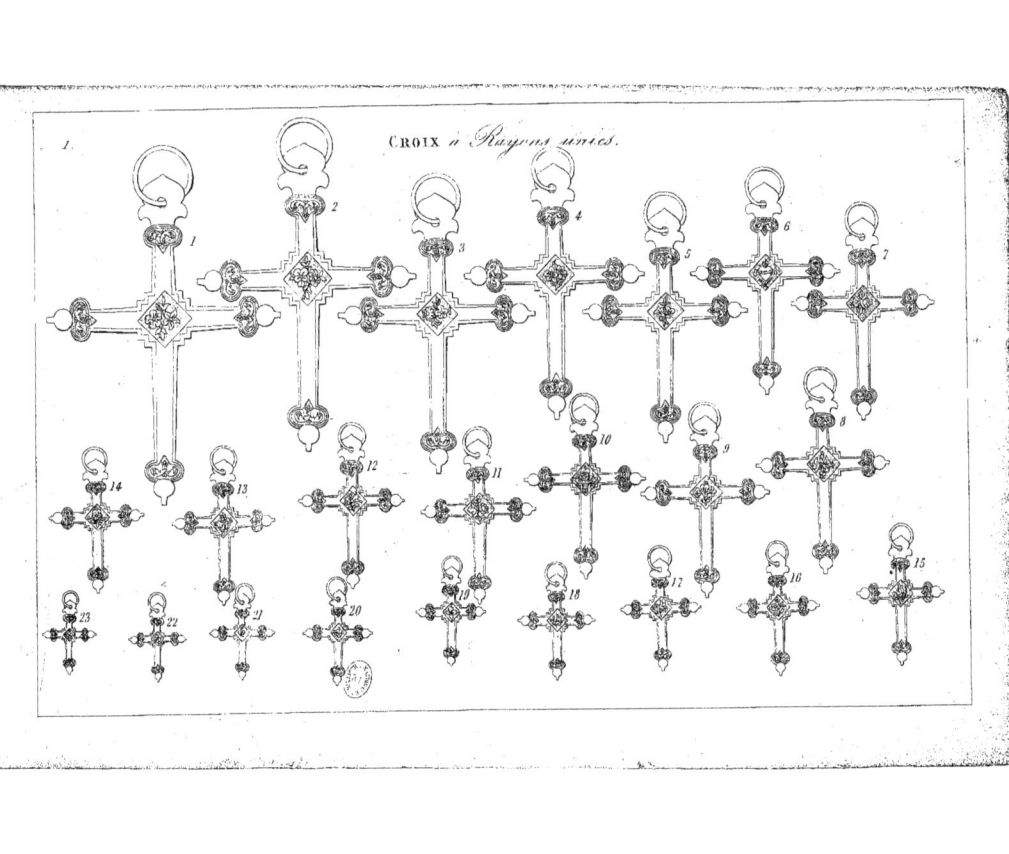

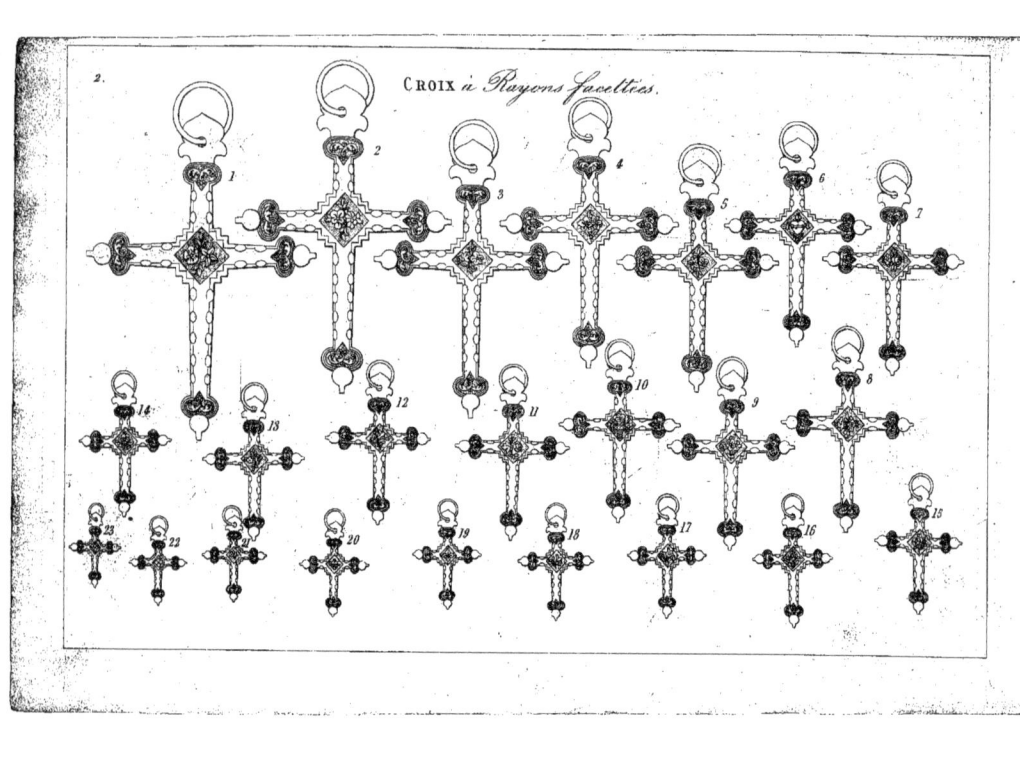

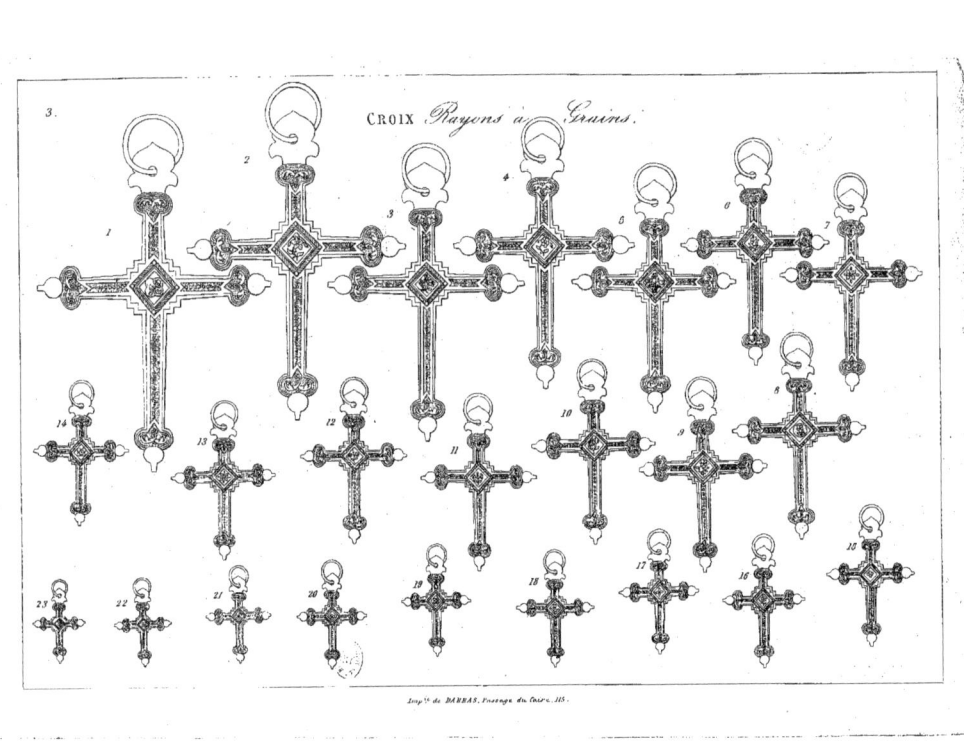

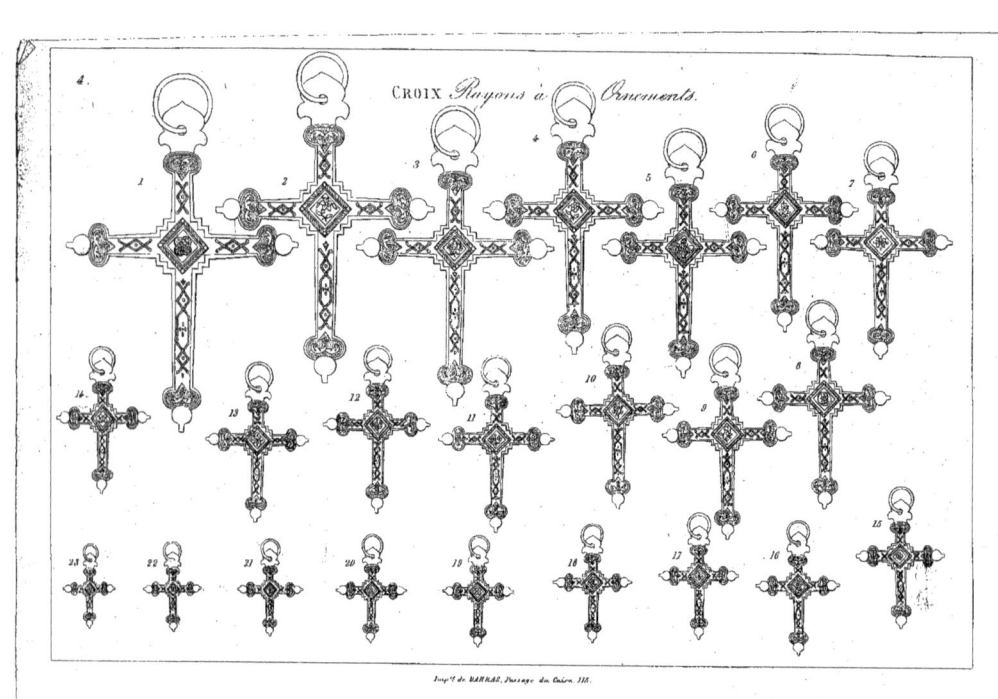

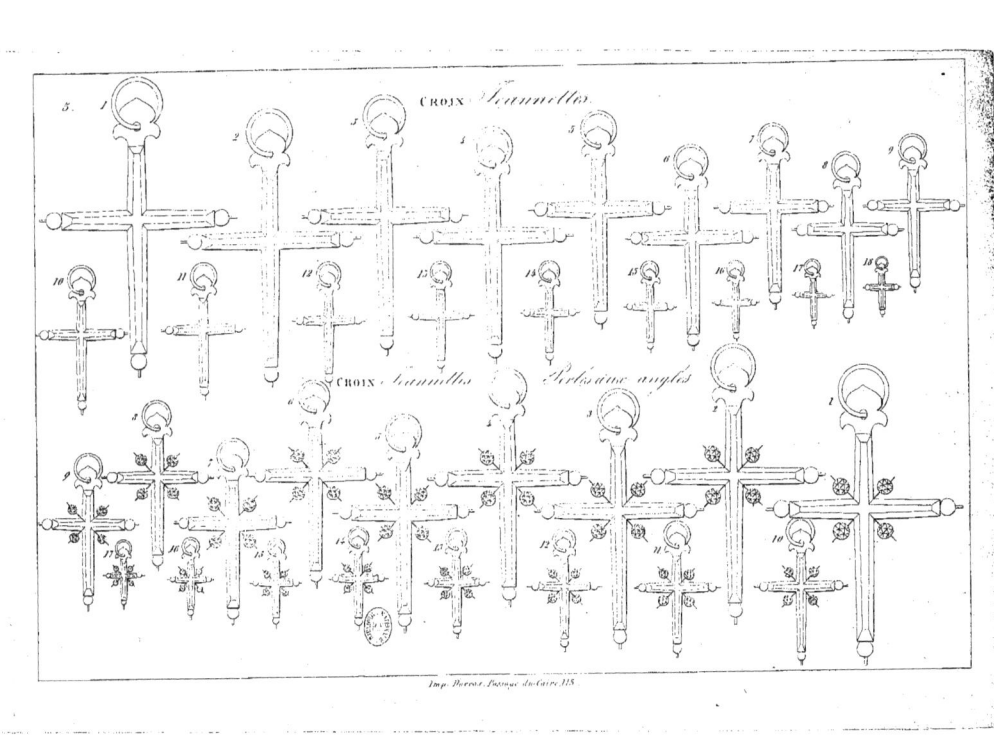

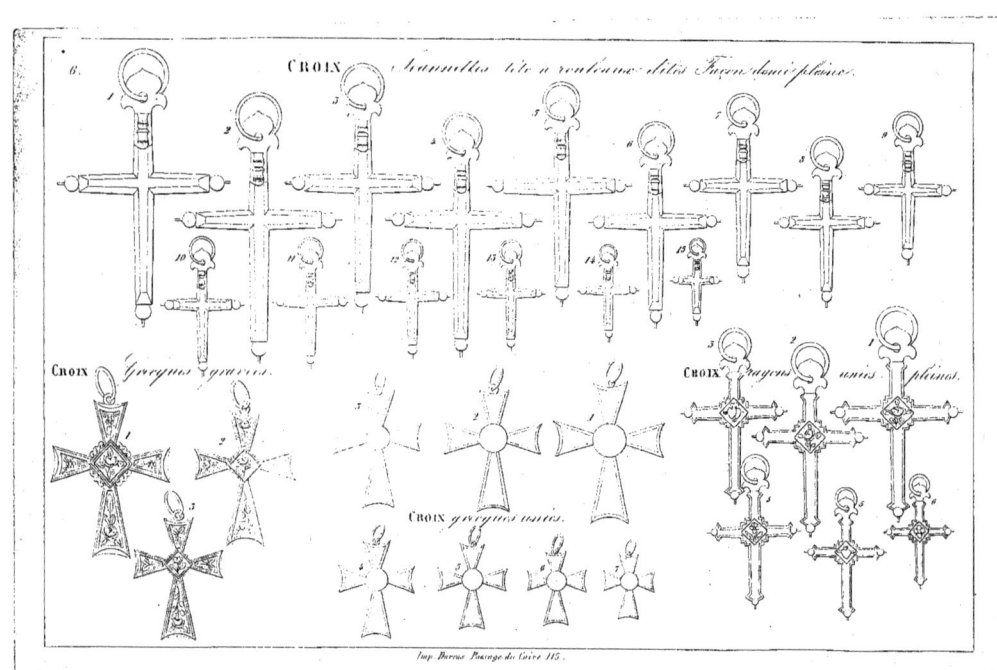

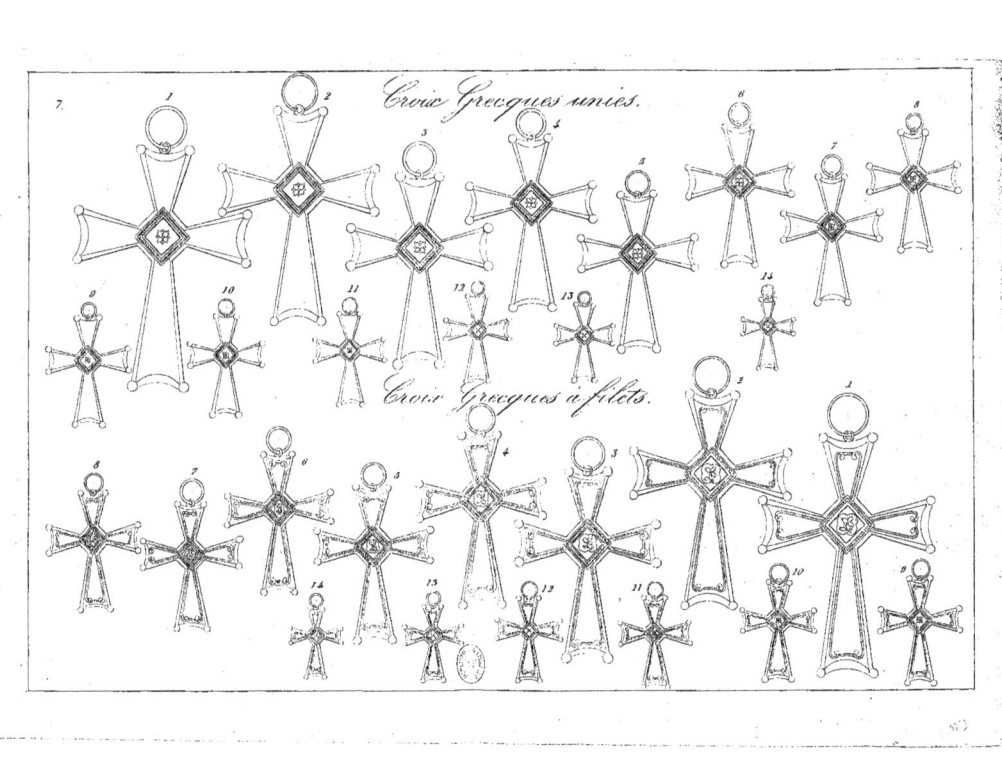

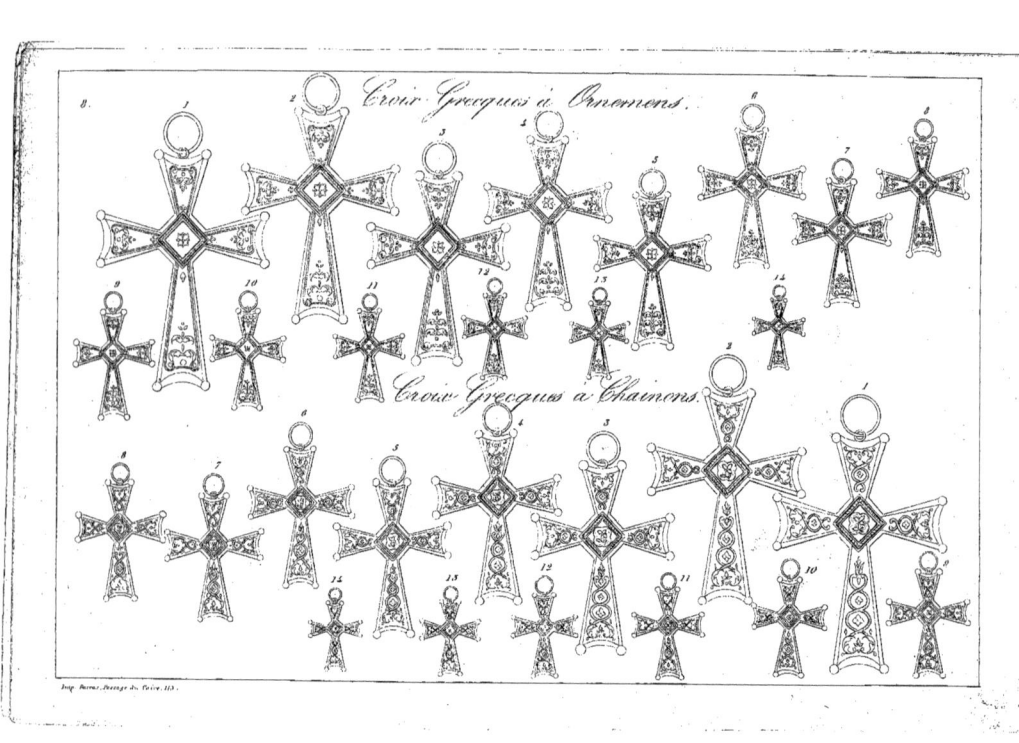

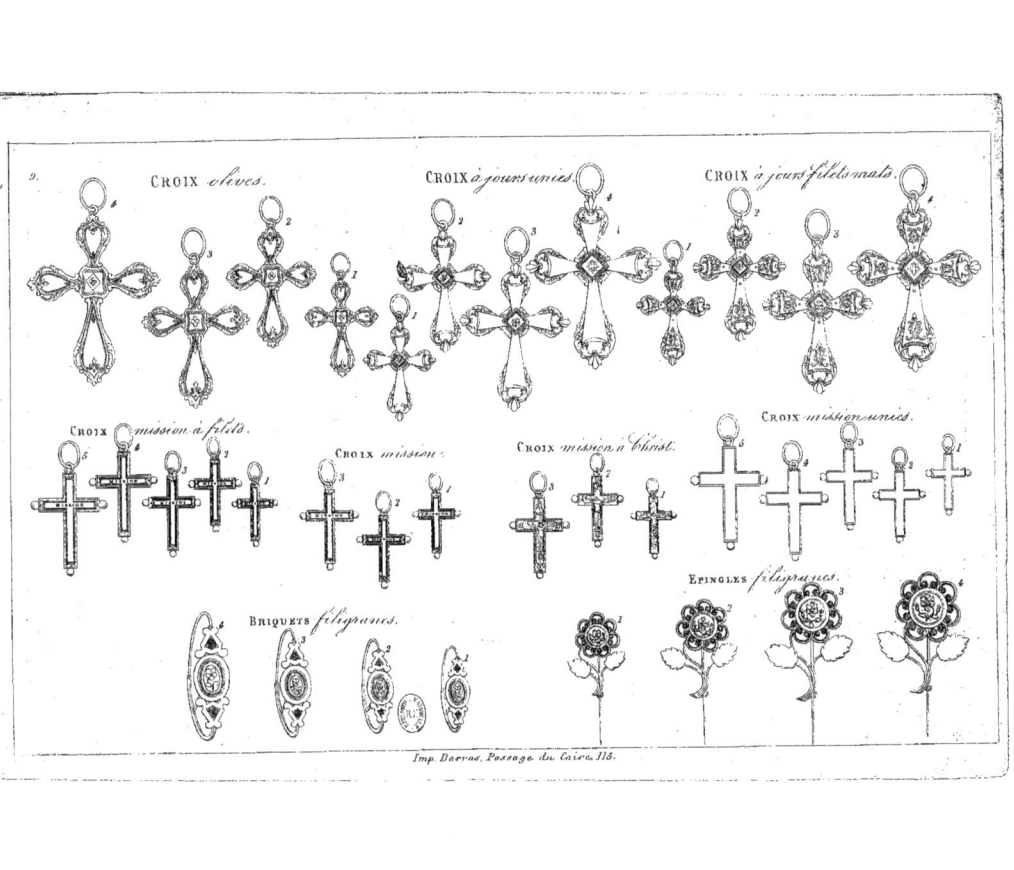

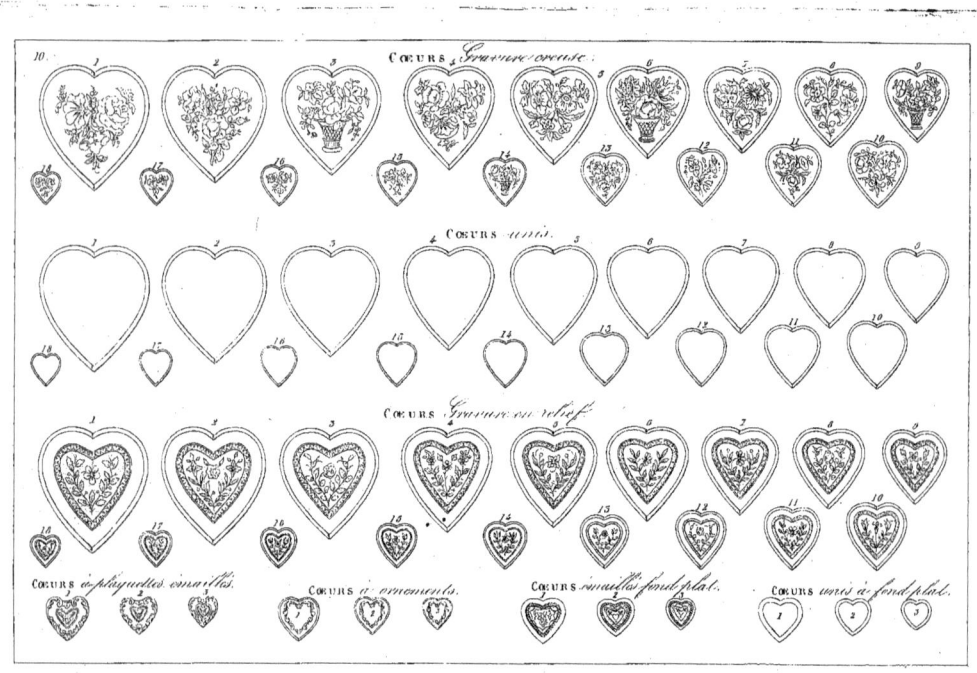

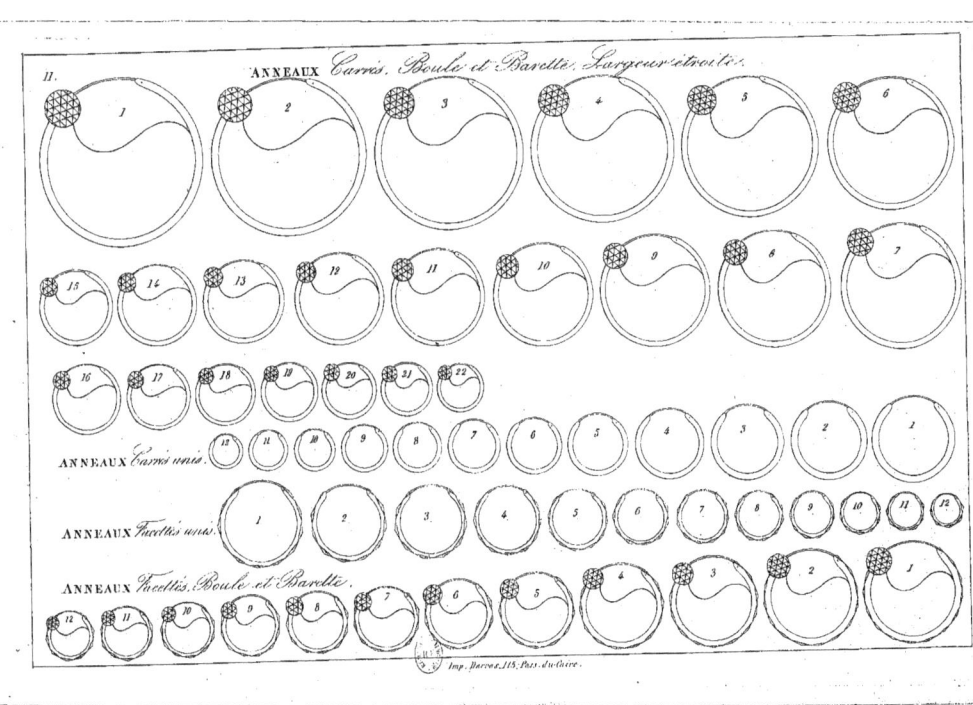

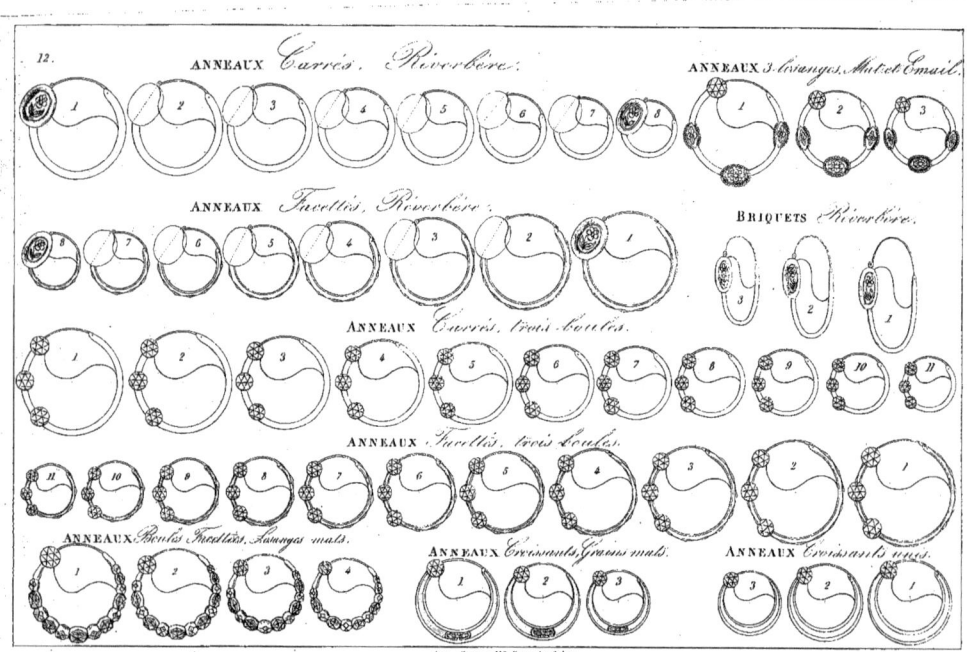

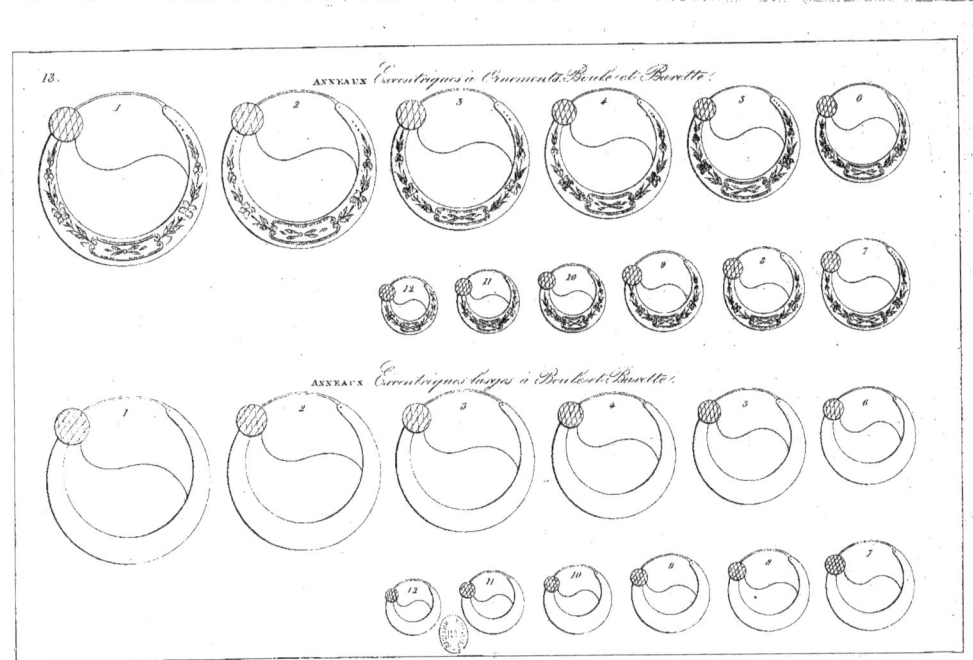

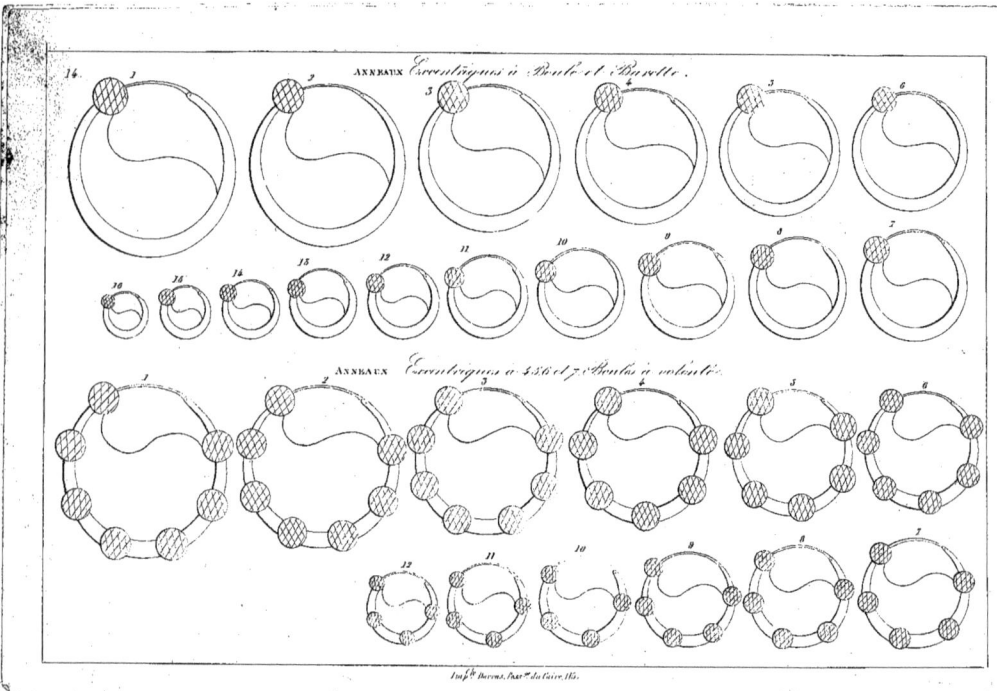

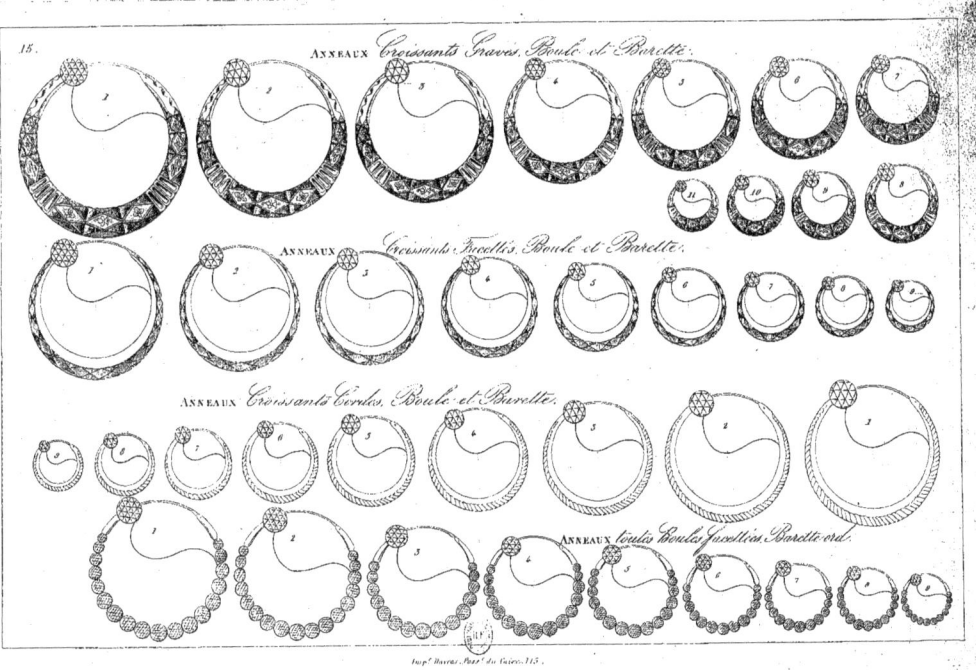

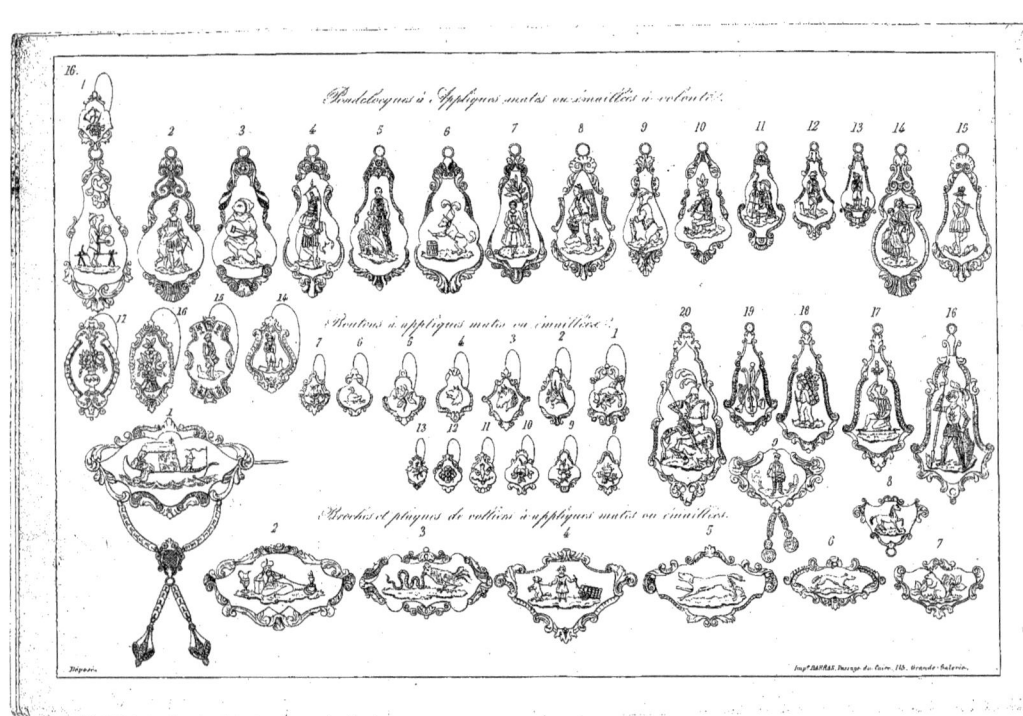

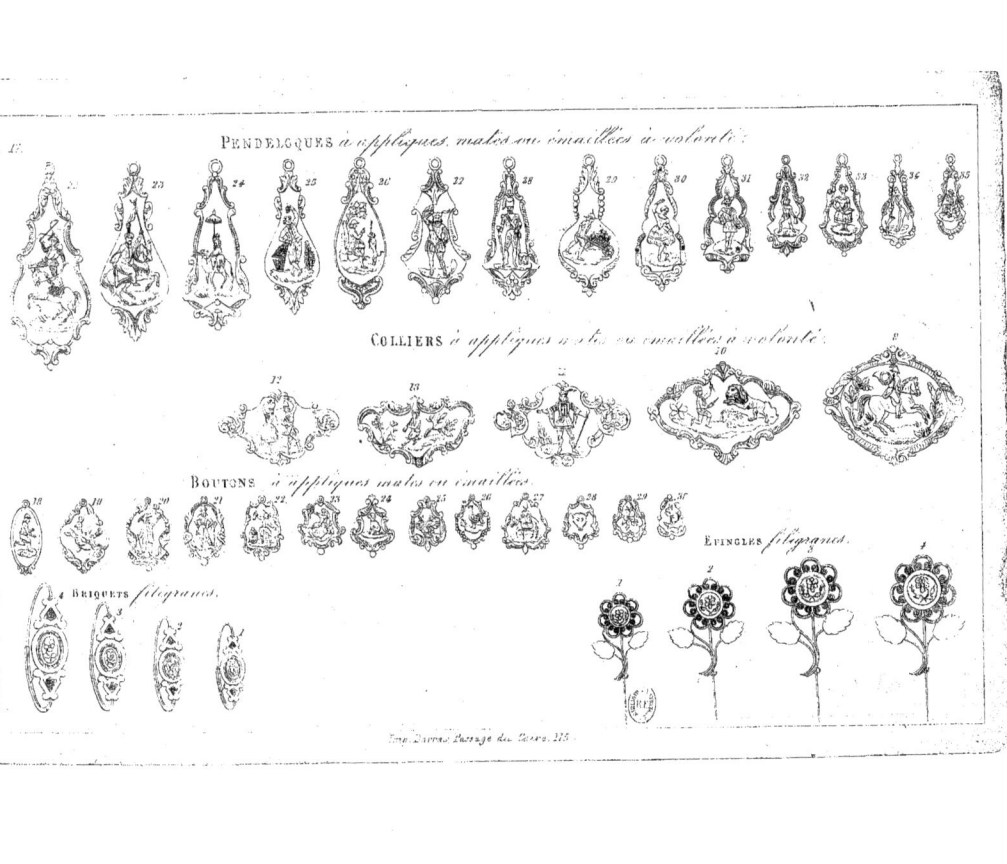

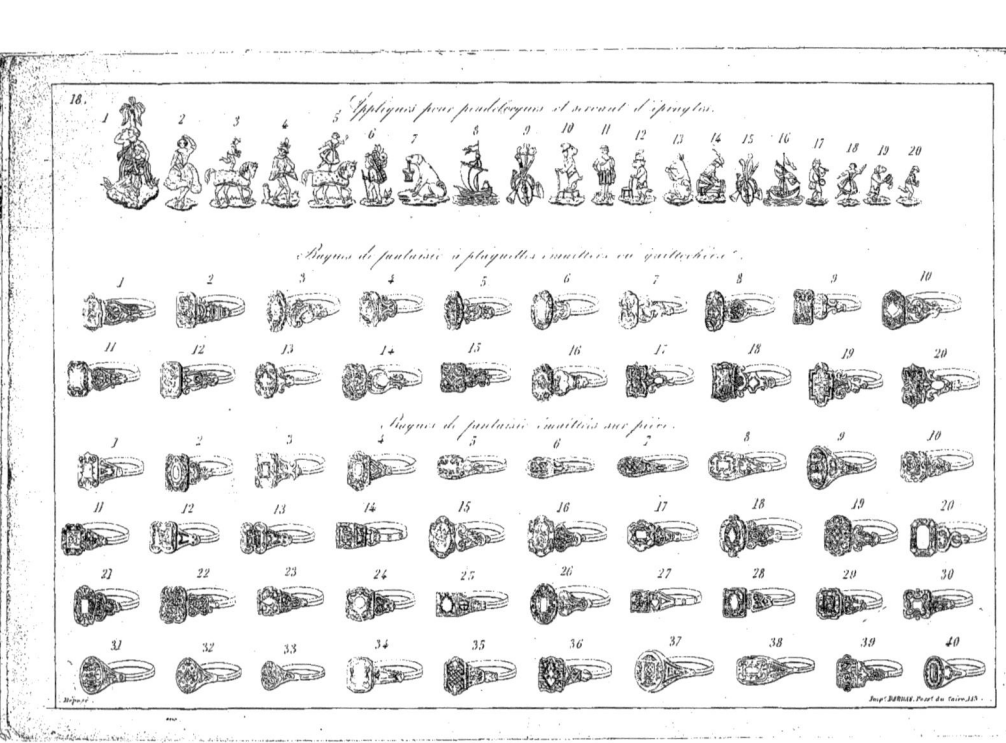

www.ingramcontent.com/pod-product-compliance
Lightning Source LLC
Chambersburg PA
CBHW061519040426
42450CB00008B/1699